小古文洋葱课 ①

先秦时期

潘炜 ◎ 著
涂涂猫 ◎ 绘

春风文艺出版社
·沈阳·

图书在版编目（CIP）数据

小古文洋葱课 . 1, 先秦时期 / 潘炜著；涂涂猫绘
. — 沈阳：春风文艺出版社，2024.1
ISBN 978-7-5313-6599-0

Ⅰ . ①小… Ⅱ . ①潘… ②涂… Ⅲ . ①文言文－阅读教学－小学－教学参考资料 Ⅳ . ① G624.233

中国国家版本馆 CIP 数据核字 (2023) 第 248294 号

春风文艺出版社出版发行
沈阳市和平区十一纬路 25 号 邮编：110003
天津创盈印刷有限公司印刷

责任编辑：王晓娣　尹明明	责任校对：赵丹彤
封面设计：张　婧	版式设计：张　婧
绘　　画：涂涂猫	幅面尺寸：170mm×230mm
字　　数：104 千字	印　　张：8.25
版　　次：2024 年 1 月第 1 版	印　　次：2024 年 1 月第 1 次
定　　价：31.00 元	书　　号：ISBN 978-7-5313-6599-0

版权专有　侵权必究　举报电话：024-23284391
如有质量问题，请拨打电话：024-23284384

读懂小古文，阅读力从哪里来？

十几年前，我的博士生导师、时任国家新闻出版总署署长柳斌杰教授会见基辛格时，基辛格说："今天的中国在经济、文化、制度等各个层面都取得了令世人瞩目的进步，我很赞赏。但我有一个疑问：中国从何而来，中华文明是怎么形成的？"

现在，就有这样一套《小古文洋葱课》能够浅显易懂地回答基辛格先生的提问了。

中华民族是一个善于思考、爱好写作记录的伟大民族。从春秋时代，甚至更早就有历史记载的传统。几千年来，我们的先人一直在记录我们的历史，为此写下一部又一部珍贵典籍。

本书选取先秦、秦汉、魏晋南北朝、隋唐、宋元、明清等各个朝代的经典典籍，汇聚成一条绵亘古今的历史河流，生动地揭示了中华文明形成的原始机理与真实过程。

小古文洋葱课

拿到本书的孩子们，我想可以给他们带来三个方面的阅读收益。

第一，本书以"原文+译文+漫画演绎"的方式，提升孩子的阅读兴趣，引领孩子进入无穷无尽的遐想天地。这就像一把钥匙，帮孩子打开所有古籍的大门，带孩子循序渐进地步入小古文的美丽花径，让孩子通过触摸历史感受文明的震撼。

第二，孩子阅读古文一般有三种情况：往往只掌握常用字词而不读句子，那他就只能获得一些关于字词的零散知识；往往只读句子不掌握常用字词，那他就只能讲一句，懂一句，不讲的仍旧不懂；往往只读一些句子和掌握一些常用字词，没有恰当的学习方法，就不能融会贯通。

本书教给孩子，学习小古文就像剥洋葱一样，需要一层一层地剥开，才能寻找到篇目的核心内容；古文里的字词句就像洋葱的横切面，环环相扣且紧密联系。

第三，本书的插图人物形象均以洋葱为造型，采用"剥洋葱学习法"，结合历史背景、作者生平、字词用法、古代文化常识等多方面知识，搭配趣萌的漫画，层层递进地讲解小古文，使得一篇篇小古文生动起来，在潜移默化中让孩子逐步认识、理解并爱上小古文。

中国正在崛起，中国的少年儿童理应有一份自己的文化自信与文化担当。那么，文化自信从哪里来？那就是将贯穿中华文明的各个朝代的历史典籍及思想精华烂熟于心，并能吟诵传播、知行合一。请让我们一起来，加油加油再加油！

2023 年冬

总纲

先秦时期

- **《山海经》** 精卫填海　夸父逐日　黄帝战蚩尤　鲧禹治水
- **《论语》** 古人谈读书（其一）　《论语》二章
- **《列子》** 两小儿辩日　杞人忧天　愚公移山（节选）
  薛谭学讴　疑邻窃铁
- **《孟子》** 揠苗助长　学弈　五十步笑百步
- **《庄子》** 呆若木鸡　庄子与惠子游于濠梁之上　东施效颦
  北冥有鱼　鲁侯养鸟　邯郸学步
- **《吕氏春秋》** 伯牙鼓琴　穿井得一人　刻舟求剑　掩耳盗铃
  齐人有好猎者　子贡赎人
- **《韩非子》** 守株待兔　自相矛盾　买椟还珠　滥竽充数
  老马识途　郑人买履

秦汉时期

- **《淮南子》** 后羿射日　女娲补天　共工怒触不周山　塞翁失马
- **《史记》** 商鞅立木　破釜沉舟　一字千金　指鹿为马
  负荆请罪　陈平宰社
- **《礼记》** 大道之行也　虽有嘉肴
- **《战国策》** 画蛇添足　惊弓之鸟　南辕北辙　鹬蚌相争
  狐假虎威
- **《笑林》** 俭啬老　长竿入城　楚人居贫

魏晋南北朝时期

- **《三国志》** 曹冲称象　诸葛恪得驴　画饼充饥
- **《世说新语》** 王戎不取道旁李　杨氏之子　咏雪
  陈太丘与友期行　割席断交

隋唐五代十国

- **《晋书》** 不为五斗米折腰　杯弓蛇影　闻鸡起舞
  囊萤夜读　写经换鹅
- **《刘梦得文集》** 陋室铭
- **《历代名画记》** 画龙点睛

宋朝

- 《五代史补》　一字之师
- 《周元公集》　爱莲说
- 《归田录》　卖油翁
- 《资治通鉴》　孙权劝学　请君入瓮　桃李满天下　口蜜腹剑　陶侃惜谷
- 《东坡集》　书戴嵩画牛　记承天寺夜游
- 《梦溪笔谈》　校书如扫尘　活板　正午牡丹
- 《童蒙须知》　古人谈读书（其二）
- 《鹤林玉露》　水滴石穿
- 《方舆胜览》　铁杵成针

元朝

- 《宋史》　司马光　程门立雪

明清时期

- 《宋学士全集》　送东阳马生序（节选）
- 《古今谭概》　活见鬼　好好先生
- 《广笑府》　父子性刚　一钱莫救
- 《陶庵梦忆》　湖心亭看雪（节选）
- 《聊斋志异》　狼（节选）
- 《阅微草堂笔记》　河中石兽（节选）
- 《曾文正公全集》　古人谈读书（其三）
- 《笑林广记》　嘲滑稽客　笑话一担　抄祭文　引避　相称
- 《少年中国说》　少年中国说（节选）

※ 1—9年级教材中的古文和古诗已在正文做相应标注。

目录

第一章 《山海经》

- 精卫填海 002
- 夸父逐日 008
- 黄帝战蚩尤 013
- 鲧禹治水 018

第二章 《论语》

- 古人谈读书（其一） 024
- 《论语》二章 030

第三章 《列子》

- 两小儿辩日 038
- 杞人忧天 044

- 愚公移山（节选）　051
- 薛谭学讴　057
- 疑邻窃铁　062

第四章 《孟子》

- 揠苗助长　068
- 学弈　072
- 五十步笑百步　077

第五章 《庄子》

- 呆若木鸡　082
- 庄子与惠子游于濠梁之上　090
- 东施效颦　097
- 北冥有鱼　103
- 鲁侯养鸟　108
- 邯郸学步　113

附录　118

第一章

洋葱课 小古文

《山海经》

女娃游于东海，溺而不返，故为精卫，常衔西山之木石，以堙于东海。

《山海经》是一部先秦古书，以怪诞著称。打开《山海经》，就像进入了一个奇妙的梦境，让我们沉浸在神奇的世界中。它的内容包罗万象，承载着古人对自然界的敬畏和对未知的探索。《山海经》以其独特的魅力和丰富的想象力，成为中国古代文学中不可或缺的珍品。

精卫填海

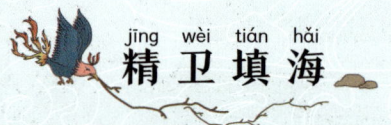

扫一扫，听音频

炎帝之少女，名曰女娃。女娃游于东海，溺而不返，故为精卫，常衔西山之木石，以堙于东海。

——选自《山海经·北山经》 （四年级）

注释

炎帝：传说中上古时期的部落首领。　**少女**：小女儿。
溺：溺水，淹没。　**故**：因此。　**堙**：填塞。

译文

炎帝的小女儿，名叫女娃。有一天，女娃到东海游玩，溺水身亡，再也没能回来，因此化身为精卫。它常从西山衔来树枝和石头，用来填塞东海。

002

说起女娲的父亲炎帝，妥妥的顶级技术男一枚，还是上古时期鼎鼎有名的"三皇五帝"之一。

上面貌似没有看到炎帝的身影，据《世本·帝系篇》记载，**炎帝，即神农氏**。"技术男"炎帝平时不是忙工作，就是忙着著书立说。相传，我国第一部药学宝典《神农本草经》就出自炎帝之手。

第一章 《山海经》

炎帝每天披星戴月地工作，根本没时间带自己的亲闺女女娲玩耍。

女娲"游于东海"，"游"在这里是"游玩"的意思，女娲只能自己在东海的海边游玩，看日出日落。

"游"的本义指旗帜的垂饰，读作"liú"。后指水流，引申出"不固定、经常移动"的意思。比如：游历。《列子·汤问》中说："孔子东游。"意思是"孔子去东方游历"。

"游"也指人或动物在水中活动，就是我们常说的"游泳"。《吕氏春秋》中说："父善游。"意思就是"父亲擅长游泳"。

再说回经常在海边游玩的女娃，因一次不小心溺水而亡，她的灵魂便化作一只神鸟，长着白嘴巴、红爪子。它的叫声像"精卫，精卫"，所以人们称它为"精卫"。

这只精卫鸟无家可归，就住在发鸠（jiū）山上，一边痛恨吞没自己的大海，一边又担心别人也被大海夺去生命，于是立志填平东海，每天不辞劳苦地从西山叼树枝、石头，投进东海。

后人用"精卫填海"来比喻意志坚决，不畏艰难。魏晋时期的大诗人陶渊明还把精卫写进了诗里。

读山海经（其十）

[东晋] 陶渊明

精卫衔微木，将以填沧海。
刑天舞干戚，猛志固常在。
同物既无虑，化去不复悔。
徒设在昔心，良辰讵可待。

译文：

精卫衔着小树枝，发誓要用它填平东海。刑天挥舞着盾斧，壮志始终存在。同万物一样无忧虑，死去也不后悔。（我）当年的雄心壮志还在，却没有得偿所愿的时机了。

夸父逐日

夸父与日逐走,入日;渴,欲得饮,饮于河、渭,河、渭不足,北饮大泽。未至,道渴而死。弃其杖,化为邓林。

——选自《山海经·海外北经》

注释

逐:追赶。 渴:口渴。 于:到。 河:黄河。 渭:渭水。
未至:没有赶到。

译文

夸父跟太阳赛跑,一直追赶到太阳落下的地方,他口渴得很,想要喝水,就跑到黄河、渭水去喝水;黄河、渭水的水不够喝,他又奔向北方喝大湖里的水。还没赶到大湖,就渴死在半路了。他丢弃的手杖,便化成了桃林。

第一章 《山海经》

传说，在北方大荒中，有座名叫成都载天的大山，居住着大神后土的子孙。

有一年，这个地区发生了严重的干旱，连喝水都成了问题。

有个责任感很强的人，名字叫"夸父"，他就琢磨着如果追上太阳，把太阳捉住，或许能拯救大家。

于是，他便与日"逐走"，"逐"是"追赶"的意思，"走"在这里可不是慢悠悠地移动，而是"跑、奔跑"的意思。

（"走"字的小篆）　　（一个甩开两臂的"人"形）　　（"止"本义是脚）

"走"字的本义就是"跑",这个意思在常用的成语中还在使用。比如:

这位夸父族的"英雄"迈开大长腿,一路追着太阳跑,直到"入日",就是一直追赶到太阳落下的地方。"入"字在古文中有以下几种常用义项:

入其舍:
走进那个人的房间。

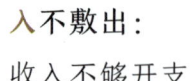

入不敷出:
收入不够开支。

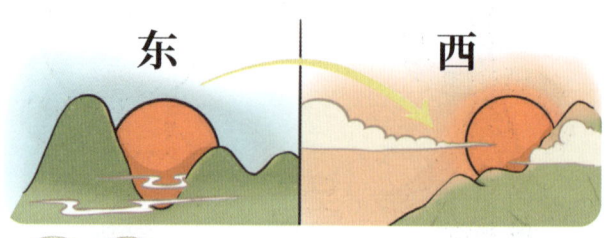

日入而息:
太阳落山就休息。

后来，他不但没有捉住太阳，反而把性命搭上了。临死时，他把手杖朝家的方向扔去。手杖落地变成了一片桃林，给后来的人们遮阴解渴。这片桃林被人称作"邓林"。

"夸父逐日"的故事传颂至今，寓意人类追求梦想，不断挑战自我，勇往直前的精神，也比喻不自量力。

你知道吗？

下面三个与"夸父逐日"类似的神话故事，你能猜出来是什么吗？

奔月

造人

哪吒

答案：嫦娥奔月　女娲造人　哪吒闹海

第一章 《山海经》

黄帝战蚩尤

蚩尤作兵伐黄帝,黄帝乃令应龙攻之冀州之野。应龙畜水,蚩尤请风伯雨师,纵大风雨。黄帝乃下天女曰魃,雨止,遂杀蚩尤。

——选自《山海经·大荒北经》

注释

蚩尤:传说中上古时代九黎族的首领。 **黄帝**:传说中上古时代有熊族的首领。 **魃**:中国神话中的旱神,专会收云息雨。

译文

蚩尤制造兵器来攻击黄帝,黄帝于是派应龙到冀州的原野去攻打蚩尤。应龙蓄积了很多水,蚩尤请来风伯和雨师制造了一场狂风暴雨。黄帝便降下名叫魃的天女来助阵,风雨就止住了,于是应龙就杀了蚩尤。

013

上古时期,大大小小的部落为了抢地盘,纷纷抄起家伙,一通乱打。

既然是打仗,肯定有输有赢。有三个部落分别在当地的擂台战中胜出,各霸一方。

蚩尤看炎帝好欺负，隔三岔五地骚扰人家。炎帝不堪其扰，就去找黄帝结盟。为此，他们还打了一架，炎帝输得心服口服，证明黄帝确实厉害。至此，"炎黄"成功结盟。

蚩尤眼看着"炎黄"的地盘越来越大，心里很不舒服。于是，"**蚩作兵伐黄帝**"，不自量力的蚩尤气冲冲地制造兵器攻击黄帝。别看"**兵**"字只有简单的几笔，法力却大无边。

斩木为**兵**：
砍根木棒当兵器。

选**兵**八万人：
挑选八万精兵。

举**兵**出征：
征集军队出兵打仗。

犹厌言**兵**：
厌恶再提起那场可恶的战争。

故上**兵**伐谋：
所以用兵的上策是攻破敌人的计谋。

文中的"伐"是"攻打",不是"砍伐"。

蚩尤中了埋伏,差点被大水淹死。

几番较量过后,蚩尤不但没打赢,还把小命搭进去了。

黄帝是人,不是神

太史公司马迁写的《史记》以人物的历史为主,第一篇《五帝本纪》中记载的第一个人正是黄帝。尽管黄帝不是一般人,但确实是人。只不过《山海经》里采用了神化的写法。

第一章 《山海经》

打败蚩尤的"炎黄"并没有骄傲自满，而是携手共建了后来的华夏族。

共创盛世

炎帝和黄帝也是中国文化、技术的始祖，传说，他们以及他们的臣子、后代创造了上古时期几乎所有的重要发明。

全才

造船　造房屋　做衣服　造弓箭

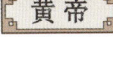

黄帝

全能

织布　种五谷　炎帝　制陶

炎黄子孙

"炎"指炎帝，"黄"指黄帝。他们代表中华民族的祖先。炎帝和黄帝的后代，指中华民族的后代。

鲧禹治水

洪水滔天。鲧窃帝之息壤以堙洪水，不待帝命，帝令祝融杀鲧于羽郊。鲧复生禹，帝乃命禹卒布土以定九州。

——选自《山海经·海内经》

注释

息：生长。　待：等待。

译文

洪水弥漫，到处都是。鲧没有等到天帝的命令，就私自偷盗天帝的息壤用来堵塞洪水。天帝命令祝融在羽山郊外处死鲧。禹是从鲧遗体的肚子里生出来的。天帝便命令禹铺填土壤、治理洪水，使九州得到安定。

第一章 《山海经》

传说三皇五帝时期,黄河泛滥成灾。作为黄帝的后代,鲧、禹父子二人受命治水。

治水技能:**堵**

鲧

治水技能:**疏**

禹

鲧采用修筑堤防,并逐年加高加宽的办法堵洪水。然而,百姓拼死拼活修筑堤坝的速度,远远赶不上洪水上涨的速度。

为此，"鲧窃帝之息壤以堙洪水"，"息"在这里是"生长"的意思，"息壤"是传说中一种能自己生长、永不耗减的土壤。鲧盗走天帝的息壤，去阻挡洪水。

其实，"息"的本义是"气息"，即"呼吸"。

后来才有了"休息""叹气""子女"的意思。

休息
日入而息：
日落就休息。

叹气
北山愚公长息：
北山愚公长长地叹了一口气。

子女

晚有儿息：
晚年才有儿子。

可是，水向上涨，土也向上长。鲧的这个方法使得水位不断抬高，洪水肆意横流，所到之处，皆是流离失所的灾民。

鲧治水惨败，还搭上了性命。天帝便命令大禹继任其父的职务，负责治理洪水。大禹接手后，经过多次考察，认识到了治水的关键在于疏导水流，修建堤防。

为了使百姓免受水患之苦，大禹兢兢业业，在治水期间，曾三过家门而不入。

功夫不负有心人，后来，大禹终于治水成功，他披九山、通九泽、决九河、定九州。

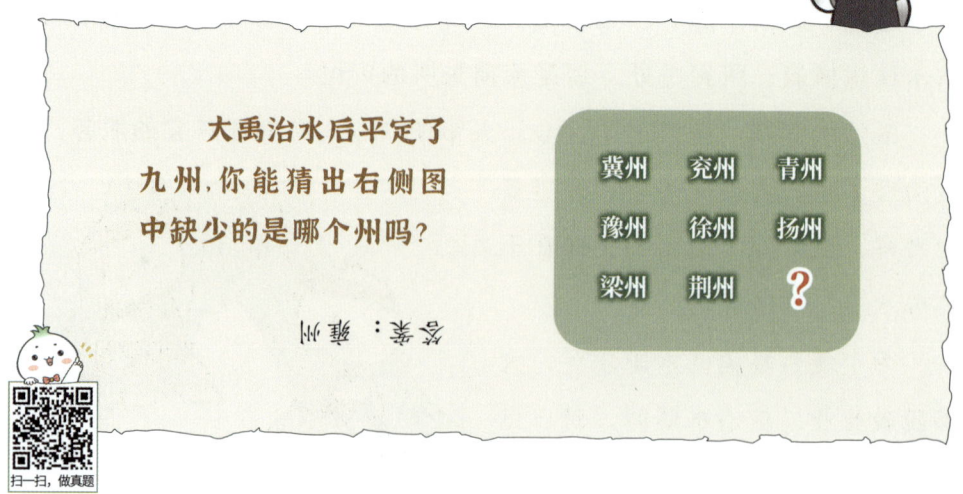

大禹治水后平定了九州，你能猜出右侧图中缺少的是哪个州吗？

答案：雍州

冀州	兖州	青州
豫州	徐州	扬州
梁州	荆州	?

第二章

洋葱课 / 小古文

《论语》

敏而好学，不耻下问。

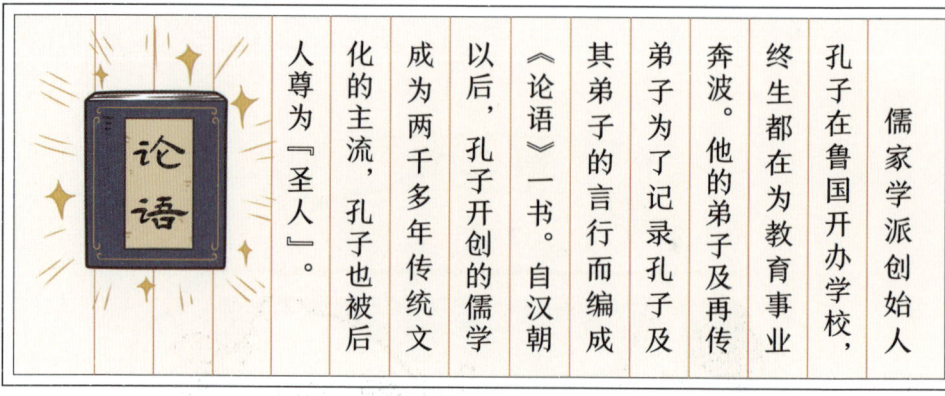

儒家学派创始人孔子在鲁国开办学校,终生都在为教育事业奔波。他的弟子及再传弟子为了记录孔子及其弟子的言行而编成《论语》一书。自汉朝以后,孔子开创的儒学成为两千多年传统文化的主流,孔子也被后人尊为『圣人』。

古人谈读书（其一）

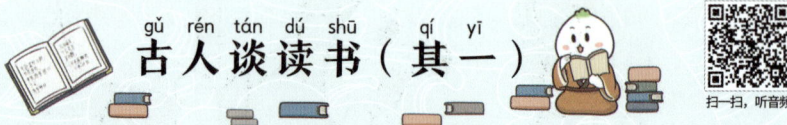

敏而好学，不耻下问。
知之为知之，不知为不知，是知也。
默而识之，学而不厌，诲人不倦。

——选自《论语》 （五年级）

注释

敏：聪敏。　**耻**：以……为耻。
下问：向地位、学问不如自己的人请教。　**知**：通"智"，智慧。
识：记住。　**厌**：满足。

译文

聪明而又好学，不以向地位、学问不如自己的人请教为耻。

知道就是知道，不知道就是不知道，这才是真正的智慧。

默默地记住所学的知识，学习而不觉得满足，教导别人而不知疲倦。

《论语》不仅是儒家经典，也是我国古代"四书"之一。

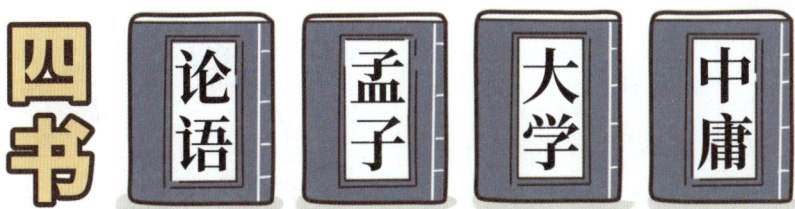

说到《论语》，就不得不提儒家学派的创始人孔子，后人尊称其为"孔圣人"或"至圣"。

孔子生活在距今2500多年前的春秋时期，那是一个礼坏乐崩、天下大乱的时代。

礼坏乐崩

指封建礼教的规章制度遭到极大的破坏，常用来形容社会纲纪紊乱、骚动不宁的时代。

孔子的家族原本是宋国的贵族，后来贫困失势，流落到鲁国，成了没落贵族。孔子年轻时，当过仓库管理员，也做过饲养员。

孔子尝试在那个诸侯争霸的时代，重新建立秩序与和谐，于是便开始周游列国，其间历尽挫折和磨难。孔子30多岁就开办了私人学院，开私人讲学风气之先。

别看这个学院的教书匠只有孔子一人,可他的教学方式却跟别人不一样,主张"有教无类"。他招收的学生不问出身,不管贫富,都可以公平地接受教育。为此,前来求教的人都挤破了大门。

孔子传授的知识从不打折,教的都是过硬的技能。在这之前,只有贵族才能享受这样的教育资源。教学内容丰富也就罢了,孔子还传授学习方法,指正学习态度。比如:

知之为知之,不知为不知,是知也。

先看这句里的"知",前四个"知"是"知道"的意思。重点是第五个"知",它与众不同,是一个通假字,通"智",是"智慧"的意思。

"通假"就是"通用、借代"的意思。古人造出一个字,表达一个意思,可是该用哪个字表示哪个意思的思维还在形成过程中,没有特定规律,往往可以使用这个字表示某个意思,又可用音同或音近的字来代替本字,表示同一个意思。所以,年代越久远的文章,通假字就越多。

"知"的常用意思还有"察觉""识别"。

 春江水暖鸭先知:
鸭子在水中最先察觉初春江水回暖。

 其真不知马也:
他真的不认识千里马吧。

再看"之"字,"知之为知之",前一个"之"用作代词,指代事情。后一个"之"是语气助词,不用翻译。

孔子常常用这句话来教导学生,对待任何事情都要谦虚诚恳,知道就是知道,不懂不能装懂,否则就是自欺欺人。

此外，孔子为了培养下一代，教学内容主要是"六艺"，也就是一个君子要养成独立人格，必须要精通的六种技能。

六艺
- 礼（礼节）
- 乐（乐舞）
- 射（射箭）
- 御（驾车）
- 书（书法）
- 数（算术）

学了知识，要是不琢磨、不思考，就会被知识的表象蒙蔽。下图中的通假字会变身，千万别被蒙蔽了！

会变身的通假字

"裁"通"才"

可译为"刚刚"。
手裁举：手刚刚举起来。

"板"通"版"

可译为"雕版"。
板印书籍：雕版印刷书籍。

《论语》二章

子曰："学而时习之，不亦说乎？有朋自远方来，不亦乐乎？人不知而不愠，不亦君子乎？"

曾子曰："吾日三省吾身：为人谋而不忠乎？与朋友交而不信乎？传不习乎？"

——选自《论语》 （七年级）

注释

习：温习。　说：通"悦"，愉快。　愠：生气，恼怒。
省：反省。　身：自己。　信：诚信。

译文

孔子说："学习，然后按时温习学过的知识，不也很愉快吗？有志同道合的人从远方来，不也很快乐吗？人家不了解我，我却不生气，不也是君子吗？"

曾子说："我每天多次反省我自己：为别人谋划竭尽自己的心力了吗？与朋友交往讲诚信了吗？老师传授的知识温习了吗？"

孔子一生酷爱学习，不仅自己学，还督促学生学，强调温故而知新的学习方法。

孔子学琴

相传，孔子曾跟师襄学琴，一首曲子弹了十天都不换。

过了一段时间，孔子学会了弹奏技巧。师襄又劝他换曲子。

又过了一段时间，孔子悟出了作曲人是周文王，并知晓了曲子名为《文王操》。师襄听后，都为其竖起大拇指。

又过了一段时间，孔子领会了曲子的意境。师襄又劝他换曲子。

学过的知识要"时习之","时"在这里是"按时"的意思,复习旧知识还能获得新的知识。只有不断学习,才能不断进步。

"时"常用的义项还有"当时""时间""季节"。

 时曹公军众已有疾病:
当时曹操军队里已经有人生病了。

时间

时不久留:
时间不会长久停留。

季节

四时之景不同:
四季景色不同。

有朋友从远方而来，"不亦乐乎"，"乐"常用的读音有"lè""yuè"。"lè"的读音在这里就不多说，主要看看读音"yuè"，本意就指"乐器"。比如《孟子·梁惠王下》中写有"今王鼓乐于此"。"鼓"是"弹奏"，例句的意思是"今天大王在此弹奏乐器"。

后来，引申出"音乐"的意思。唐朝的"诗魔"白居易在《长恨歌》中曾写："骊宫高处入青云，仙乐风飘处处闻。"意思是说："骊山上华清宫内玉宇琼楼高耸入云，清风过处仙乐飘向四面八方。"

孔子为人豁达通透，从不怨天尤人。即使别人不了解他、误解他，他也不会气恼，有时还会宽慰别人。所以，他的一辈子虽然很辛苦，但是也很快乐。

曾子在孔子晚年的时候，拜孔子为师，那一年，曾子16岁，比孔子小46岁。但年龄差距并没有成为曾子求学的羁绊。他学习十分勤奋，而且处事谦虚谨慎，跟周围的人相处得很融洽。

曾子颇得孔子真传，很快成为孔子的得意门生。孔子去世后，曾子还接手了孔子的孙子子思的教育，让他跟随自己学习。儒家思想就是孔子通过曾子传给孙子子思，再传给孟子，最后形成孔孟之道的，所以，曾子被儒家尊为"宗圣"。曾子专心致志地教化世人，每天都会反省自己的不足。

曾子认为，反省就像是照镜子一样，能够帮助我们发现自己的缺点并及时改正，从而让自己变得更完美。

"为人谋而不忠乎？"这里的"忠"是"忠诚"的意思，替别人办事是不是尽心竭力了？忠诚是一种很重要的品质，无论是为自己还是为别人做事，都要尽心尽力，不能马虎。

"与朋友交而不信乎？"这里的"信"是"诚信"的意思，同朋友交往是不是做到诚实可信了？与人交往诚信是基础，如果没有诚信，那么朋友之间的感情就会变得很脆弱。

"传不习乎？"这里的"习"是"温习"的意思，传授的学业是不是温习了？老师或前辈们所传授的知识或做人做事的方法，要按时温习，还要亲自去实践。

曾子一生节俭，时时刻刻都在修正自己。

曾子杀猪

有一天，曾子的妻子要去赶集，恰巧被家里的小儿子看见了，他哭闹着也要去。曾子的妻子为了不让小儿子去，就哄他说，如果你不去的话，回来就给你杀猪吃。

没过多久，曾子的妻子从集市回来了，看到曾子正在磨刀，准备杀猪，妻子赶忙制止。曾子便耐心地跟妻子解释："不能和小孩子开玩笑，正所谓言传身教，小孩子有样学样，撒谎可不是教育孩子的好方法。"于是，曾子真的把猪杀了，给小儿子炖肉吃。

做人要有**诚信**哟！

第三章

洋葱课 小古文

《列子》

> 子子孙孙无穷匮也，而山不加增，何苦而不平？

《列子》是中国古代的一部哲学著作，被归类为道家经典之一。它以寓言故事的形式，通过一系列幽默、奇幻的情节来探讨人生哲理、人性、自由意志和修养等主题。

列子，本名列御寇，他在郑国圃田（今河南郑州），一住就是四十年，不求名不求利，一心修道。

两小儿辩日

扫一扫，看视频讲解

扫一扫，听音频

kǒng zǐ dōng yóu，jiàn liǎng xiǎo ér biàn dòu，wèn qí gù
孔子东游，见两小儿辩斗，问其故。

yì ér yuē：wǒ yǐ rì shǐ chū shí qù rén jìn，ér rì zhōng shí yuǎn yě
一儿曰："我以日始出时去人近，而日中时远也。"

yì ér yuē：wǒ yǐ rì chū chū yuǎn，ér rì zhōng shí jìn yě
一儿曰："我以日初出远，而日中时近也。"

yì ér yuē：rì chū chū dà rú chē gài，jí rì zhōng zé rú pán yú，cǐ bù wéi yuǎn zhě xiǎo ér jìn zhě dà hū
一儿曰："日初出大如车盖，及日中则如盘盂，此不为远者小而近者大乎？"

yì ér yuē：rì chū chū cāng cāng liáng liáng，jí qí rì zhōng rú tàn tāng，cǐ bù wéi jìn zhě rè ér yuǎn zhě liáng hū
一儿曰："日初出沧沧凉凉，及其日中如探汤，此不为近者热而远者凉乎？"

第三章 《列子》

kǒng zǐ bù néng jué yě
孔子不能决也。

liǎng xiǎo ér xiào yuē　　shú wèi rǔ duō zhì hū
两小儿笑曰："孰为汝多知乎？"

——选自《列子·汤问》 （六年级）

注释

辩斗：辩论，争论。　其：代词，他们。　去：离，距离。
车盖：古时车上的圆形篷盖，用来遮阳蔽雨。　汤：热水。
为：通"谓"，说。　知：通"智"，智慧。

译文

　　孔子向东游历途中，看见路旁两个小孩在争辩，就问他们争辩的原因。

我认为太阳刚出来的时候离人近，到了中午离人远。

我认为太阳早上刚出来时离人远，到了中午离人近。

太阳初升时像车盖那么大，到了中午时只有盘子那么大，这不是远的看起来小、近的看起来大的道理吗？

太阳初升时天气凉爽，到了中午时热得就像把手伸进热水中，这不是离得近就感觉热，而离得远就觉得凉的道理吗？

孔子不能判断谁对谁错。

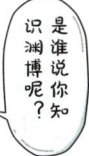
是谁说你知识渊博呢？

039

两个小孩儿讨论的"日",也就是"太阳"。对于这个字意,我们再熟悉不过了。比如:

拨云见日

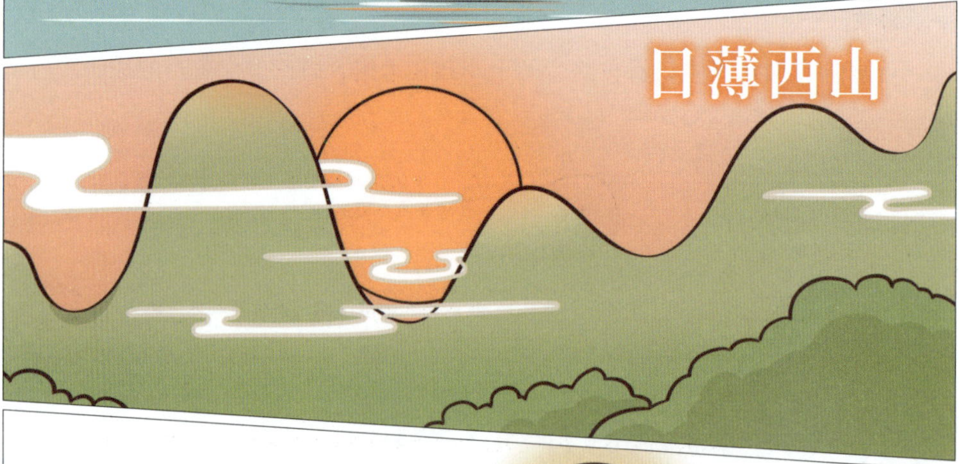

日薄西山

日上三竿

但是，在小古文中，"日"可不单指"太阳"，还有常用的"白天""一昼夜""日子"的意思。

白天

夜以继日：
夜晚接上白天，日夜不停。

一昼夜

斋戒五日：
斋戒五个昼夜。

日子

春秋多佳日：
春秋两季有很多好日子。

一天中太阳离地球的距离会变吗？

太阳与地球之间距离的变化，是很微小的，肉眼感觉不到。早晨太阳离我们稍远一点，中午稍近一点，两者相差约等于地球的半径，仅相当于日地距离的1/2300。相差虽然小，但不容忽视，气温还是有变化的。

孔子在东游的日子里，有趣事，也有磨难。一次，他和弟子被困在陈国和蔡国之间，粒米未进，几天下来，人都要饿晕了。

第三章 《列子》

孔子最得意的弟子颜回好不容易讨来一些米，赶紧生火煮饭。角落里打盹儿的孔子闻到饭香，睁眼恰好看见颜回正用手抓锅里的饭吃。

孔子故意装作没看见，过了一会儿，颜回请老师起来吃饭。

孔子听到真相以后脸一红，自我检讨道："都说眼见为实，但是亲眼看到的也不一定是真实的。"

越是高明的老师，越有承认错误的勇气，也越擅长随时随地借助事情来教育学生。

043

杞人忧天

杞国有人忧天地崩坠,身亡所寄,废寝食者。

又有忧彼之所忧者,因往晓之,曰:"天,积气耳,亡处亡气。若屈伸呼吸,终日在天中行止,奈何忧崩坠乎?"

其人曰:"天果积气,日月星宿,不当坠耶?"

晓之者曰:"日月星宿,亦积气中之有光耀者,只使坠,亦不能有所中伤。"

其人曰:"奈地坏何?"

晓之者曰:"地,积块耳,充塞四虚,亡处亡块。若躇步跐蹈,终日在地上行止,奈何忧其坏?"

其人舍然大喜，晓之者亦舍然大喜。

——选自《列子·天瑞》（七年级）

注释

亡：通"无"，没有。　晓：开导。　行止：行动、活动。
星宿：泛指星辰。　积块：累积的土块。　四虚：四方。
躇步跐蹈：都是踩、踏的意思。　舍然：舍，通"释"，解除、消除。

译文

杞国有一个人担心会天崩地陷,自己无处安身,以至于睡不着觉、吃不下饭。

又有一个人为这个人的担忧而担忧,因而前去开导他,说:"天,不过是积聚的气体,没有一处没有气。你一屈一伸,一呼一吸,整天在天之中活动,怎么还担心天会崩塌呢?"

杞国人说:"天如果真的是积聚的气,那日月星辰不会掉下来吗?"

开导他的人说:"日月星辰不过是积聚的气当中会发光的,即使掉下来,也不会造成伤害。"

杞国人又问:"那地要是陷下去怎么办呢?"

开导他的人说:"地,不过是积聚的土块罢了,它充盈在四面八方,没有一处没有土块。你散步、行走、踩踏,整天在地上活动,为什么还担心它会塌陷呢?"

杞国人听罢,如释重负,非常高兴,而开导他的人也如释重负,十分高兴。

第三章 《列子》

杞国有一个人，整天担心天会塌下来，地会陷下去。躲在房间里，担心天塌下来砸到房屋，导致房屋坍塌，照样砸到自己。出了门，又担心大地会突然陷下去，便在路上跳来跳去地走，感觉哪里都没有藏身之处，越想越慌，搞得自己像个小丑一样，愁得吃不下、睡不着。

他担心自己"身亡所寄"，也就是担心没有安身之处。这里"亡"是个通假字，读"wú"，指"没有"。读"wáng"时，在上古多指"逃亡"，而不是指"死"。比如：欲亡走燕。意思是"打算逃到燕国"。

"亡"后来引申出"死亡""灭亡"之意。表示人的生死或事物的结束。

表示"灭亡"时，一般指一个朝代的消亡。比如：亡秦族矣。

此外，在古代，"亡"常用的意思还有"丢失"。比如：亡羊补牢。

第三章 《列子》

这个杞国人整天怀着毫无必要的担心和无穷无尽的忧愁，邻居听说后，有人欢喜，有人忧愁。欢喜的人看杞国人的笑话，忧愁的人则是被杞国人感染，也变得郁郁寡欢。

只有一个好心人去开导他。杞国人一听天是聚成一团的气体，就害怕日月星辰会掉下来；听说地是由土块堆积而成，又担心地会塌陷。这个好心人都为杞国人一一做了解答。

杞国人因为好心人的开导而打消了顾虑。世间万物皆如此，有时候，在实际情况都没有改变的情况下，换一种心态，就会收获意想不到的效果。

朝三暮四

路遥知马力，日久见"猴"心

宋国有一位老人，在家里养了一群猴子。

后来，家里余粮不足，老人打算缩减猴子的口粮，缺少的部分用橡栗代替。老人见猴子不听话，思索良久，计上心头。

"给你们吃橡栗，早上三颗，晚上四颗，够了吗？"

"早上四颗，晚上三颗。"

养猴老人用智慧来笼络猴子，名义和实际数量都没有变化，但前后顺序不同，猴子产生了恼怒和高兴两种不同的反应。

橡栗的数量并没有变，只是换了分配方法，效果却完全不同。

愚公移山（节选）

河曲智叟笑而止之曰："甚矣，汝之不惠！以残年余力，曾不能毁山之一毛，其如土石何？"北山愚公长息曰："汝心之固，固不可彻，曾不若孀妻弱子。虽我之死，有子存焉。子又生孙，孙又生子；子又有子，子又有孙；子子孙孙无穷匮也，而山不加增，何苦而不平？"河曲智叟亡以应。

——选自《列子·汤问》（八年级）

注释

叟：老年男子。　惠：通"慧"，聪明。　毛：草木。
心：思想。　彻：通达，这里指改变。　虽：表假设，即使。
苦：这里指担心。　亡：通"无"，没有。

> **译文**
>
> 　　河曲有个有学问的老人（后文称其为"智叟"），嘲笑着劝阻愚公说："你也太不聪明了！凭你这点残年余力，连山上一棵小草都动不了，还能把泥土石块怎么样呢？"愚公长叹一声说："你的思想实在是顽固，顽固得无法开窍，还不

如寡妇和弱小的孩子。即便我死了，还有我的儿子在。儿子又生孙子，孙子又生儿子；孙子的儿子又有他的儿子，他的儿子又有孙子；子子孙孙没有穷尽，而山是不会再增加了，还担心挖不平它吗？"河曲智叟听了，无言可对。

北山的山脚下住着一个名叫愚公的老人，年近九旬。

门前有两座大山阻隔了他的家人往来豫州南部和汉水南岸的道路，让他深感困扰。于是，他召集家人商量，最终，提出了一个惊人的计划：要将太行、王屋这两座七八千丈高的大山搬走，让道路畅通无阻。大家纷纷表示赞同，只有他的妻子对此有疑问，发起三连问。

愚公打消妻子的顾虑，便带领他的儿孙，开始挖土、凿石头，运到渤海边上去。邻居寡妇京城氏的儿子虽然只有七八岁，但也蹦蹦跳跳地去帮忙。然而，由于交通不便，冬夏换季才能往返一次。

不久，这件事被河曲一个有学问的老者听说了，老者特地赶到移山现场，"笑而止之"，嘲笑并制止愚公移山。"笑"是"嘲笑"，"止"是"阻止"，这里的"而"是连词，表示并列关系。

鸡蛋碰石头，
不自量力

关于"而"的常用方法，还有以下几种：

虎求百兽而食之：
老虎寻找各种野兽然后吃掉。

却

郑人买其椟而还其珠：
郑国人把盒子买了去，却把盒里的珠子还给了他。

助词 地

吾尝终日**而**思矣：
我曾经一天到晚地冥思苦想。

俄而谢玄淮上信至：
不久，淮上谢玄的书信就到了。

不久 与"俄"连用

愚公对于老者的说法给出了有力反击。老者目瞪口呆，不能应答，灰溜溜地走开了。

井底之蛙　　　　　目光短浅

"子子孙孙"的不同称呼

人之子——子

子之子——孙

孙之子——曾孙

曾孙之子——玄孙

玄孙之子——来孙

来孙之子——晜（kūn）孙

晜孙之子——仍孙

仍孙之子——云孙

后来，愚公一家人凭借顽强的毅力和坚持不懈的精神感动了山神，山神帮忙搬走了太行、王屋两座高耸入云的大山。愚公的名字也传遍了整个地区，成为一个受人尊敬的传奇人物。

愚公移山的故事告诉我们：在日常的生活和学习中，一定要有恒心、有毅力，这样才能成事。相反，看似不起眼的小错，如果日积月累，也会铸成大错。

薛谭学讴

薛谭学讴于秦青，未穷青之技，自谓尽之，遂辞归。秦青弗止，饯于郊衢，抚节悲歌，声振林木，响遏行云。薛谭乃谢求反，终身不敢言归。

——选自《列子·汤问》

注释

薛谭、秦青：传说中秦国两名善于唱歌的人。　弗：没有，不。
衢：大路。　谢：道歉。　反：通"返"，返回。

译文

薛谭向秦青学习唱歌，还没有学完秦青的唱歌技巧，就自以为已经学完了，于是便向秦青告别，回家。秦青没有挽留，在城外的大路旁为他设宴饯行，席间秦青拍打着竹制的乐器，慷慨悲歌，嘹亮的歌声振动林木，清亮的回响遏止了空中飘动的浮云。薛谭听了，连忙道歉，请求继续在其门下学习，终身都不敢再提学成回家的事了。

薛谭跟着秦青学讴，"讴"本义是齐声歌唱，泛指歌唱。学唱歌，说难也不难，可薛谭"未穷青之技"，这里的"穷"是"完结"之意，他还没有学完，就觉得自己全部学会了。

在古汉语中，"穷"一般指处境困顿，走投无路，特指仕途中的不得意。如唐朝王勃在《滕王阁序》中写道："穷且益坚，不坠青云之志。"

现代汉语中的"穷"字，一般是指缺乏财物。这个用法同古汉语里"贫"的含义差不多。"贫"一般指日常生活中缺乏衣食钱财。如汉朝司马迁《报任安书》中的"家贫"。

此外，"贫"与"乏"意义相近，所以"贫""乏"常常连用。如《战国策·齐策四》中说："齐人有冯谖（xuān）者，贫乏不能自存。"也就是说"齐国人冯谖因为太穷而不能养活自己"。

"贫"的反义词是"富",在古汉语中,"贫""富"常常对称使用。如清朝著名文学家彭端淑在《蜀鄙二僧》中写有:"其一贫,其一富。"是说两个僧人,一个贫穷一个富有。

不只在古汉语中,在现代汉语中,"贫""富"也常常成双成对出现。比如:

说完贫穷,再说回唱歌技能还很贫乏的薛谭,他以为自己学业已成,便要拜别秦青。薛谭临行时,秦青在城外的大路旁为他饯行。席间,秦青高歌一曲,歌声振动林木、遏止浮云。

薛谭被秦青的歌声征服,又跪求秦青收留,自此以后脚踏实地学唱歌,再也不想着回家了。

即便如此，秦青的歌唱水平跟韩娥比还是差远了。不信的话，我们可以看一看"余音绕梁"的故事。

余音绕梁

传说，春秋时期，有位叫韩娥的女子，歌唱得非常好听。

有一次，韩娥外出，原本预计很快就能回家。不巧的是，刚到齐国，遇到了一点事，耽搁了几日。这样一来，韩娥兜里的路费不够用了。眼看就要断粮，韩娥急得哭了起来。

韩娥边哭边走，到了齐国都城临淄的西南门，看到有练武卖艺的人。韩娥转念一想："我也可以通过卖唱赚点回家的路费。"于是，韩娥便战战兢兢地开始卖唱求食。

没承想，韩娥美妙而婉转的歌声深深地打动了围观的人群，为她换来了路费。韩娥歌声的余音久久萦绕，三天以后，人们似乎还能听到她的歌声。此后，便有了"余音绕梁，三日不绝"的典故。

疑邻窃铁

人有亡铁者，意其邻之子，视其行步，窃铁也；颜色，窃铁也；言语，窃铁也；动作态度，无为而不窃铁也。俄而抇其谷而得其铁，他日复见其邻人之子，动作态度无似窃铁者。

——选自《列子·说符》

注释

亡：丢。 铁：通"斧"。 意：怀疑。
颜色：面容、脸色。 抇：本作"捐"，掘。

译文

有个人丢了一把斧子。他怀疑是邻居家的儿子偷的，看邻居儿子走路的样子，像是偷斧子的；面部表情，像是偷斧子的；言谈话语，像是偷斧子的；那人的一言一行、一举一动，无不像偷斧子的。

不久，丢斧子的人在山谷里挖出了那把丢失的斧子，第二天，他又看见邻居家的儿子，一言一行，一举一动，都不像偷斧子的人了。

第三章 《列子》

"窃"字从"穴",表示把偷盗的物品藏在洞穴中,本义就是"偷盗"。

偷盗的行为不可取,所以一般都"私自、暗自、偷偷地"去做。比如,蒲松龄在《聊斋志异·促织》中写道:"成有子九岁,窥父不在,窃发盆。""发盆"的"发"不是"发现",而是"打开"的意思。整句话的意思是"成名有个九岁的儿子,看父亲不在家,便偷偷掀开了盆子"。

私下想念。

063

窃言

私下谈论。

私下包庇。

此外,"窃"在谦称自己时使用。比如:窃以为可行。

古人谦称自己

古代**帝王**谦称自己:孤、寡。

古代**官吏**谦称自己:下官、末官、小吏等。

古代**读书人**谦称自己:小生、晚生。

用于自己的谦称还有:愚(谦称自己不聪明)、鄙(谦称自己学识浅薄)、卑(谦称自己身份低微)。

了解了"窃"的意思，我们再来复盘一下"疑邻窃铁"的故事。一个人的斧子找不到了，"意其邻之子"，"意"这里是"怀疑"的意思。怀疑被邻居家的儿子"窃"了。

可是，既然怀疑人家，多多少少要有点依据，可这个人貌似啥依据也没有，只是观察人家的一言一行，怎么看都觉得人家是偷斧子的人。

后来，这个人在山里找到了自己的那把斧子，再看邻居家的儿子，怎么看怎么顺眼，再也不像小偷了。

疑邻骗柴

有一个人家里有一棵梧桐树，但是这棵梧桐树的叶子都干枯掉落了。

邻居有位老者告诉他枯萎的梧桐树是不吉利的，吓得他赶紧把树砍掉了。

老者听说了这个消息，就请求他把枯树送给自己做柴火用。

这个人听后很生气，他认为老者是想弄点柴火烧，才骗他把梧桐树砍了，觉得这种邻居太阴险了，不应该这样做人。

竟然骗我！

第四章

洋葱课 小古文

《孟子》

或百步而后止,或五十步而后止。以五十步笑百步,则何如?

《孟子》是儒家经典，记录了孟子及其弟子的政治、教育、哲学、伦理等思想观点和政治活动。宋代把它与《论语》《大学》《中庸》合称为"四书"。孟子被认为是孔子学说的继承人，有"亚圣"之称。

揠苗助长

宋人有闵其苗之不长而揠之者，芒芒然归，谓其人曰："今日病矣！予助苗长矣！"其子趋而往视之，苗则槁矣。

——选自《孟子·公孙丑上》

注释

闵：忧虑。 揠：拔起。 芒芒然：疲惫的样子。 病：疲劳。
趋：跑，快走。 槁：干枯。

译文

宋国有个担心禾苗长得不快而把它拔高的人，非常疲惫地回到家，告诉他的家人说："今天累坏了，我帮助禾苗长高了。"他的儿子跑到田里去看，禾苗都枯槁了。

第四章 《孟子》

民以食为天，这是人人皆知的道理。对于种田的人来说，庄稼就是命根子。这不，宋国有个种田人老是担心地里的禾苗长不高，就天天跑到地里面去看禾苗的长势。可左看右看，总感觉自家的禾苗没怎么长。

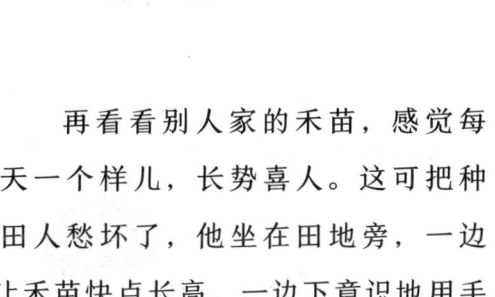

再看看别人家的禾苗，感觉每天一个样儿，长势喜人。这可把种田人愁坏了，他坐在田地旁，一边琢磨怎么才能让禾苗快点长高，一边下意识地用手拔田里的草。低头的瞬间瞄着手里的草，一下子来了灵感：何不把禾苗拔高呢？

种田人兴冲冲地奔进地里，把禾苗一棵棵地都拔高了。一天下来，累得气喘吁吁地回了家。

种田人跟家里人说:"今日病矣!"这里的"病"并不是"生病"的意思,而是"疲劳"的意思。

在古汉语中,一般用"病""疾"来描述病症的不同程度。古时称一般的病为"疾",较重的病为"病"。

《韩非子·外储说左上》中说:"婴疾甚,且死。""甚"指程度重,"疾甚"指病得很厉害。句子的意思是:晏婴病得很厉害,即将死去。

《后汉书·王充传》中说:"永元中,病卒于家。""病卒",指因重病去世。句子的意思是:永元年间,他病死在家中。

有时候"疾""病"连用,表示"病重"。《三国志·蜀志·诸葛亮传》中说:"亮疾病,卒于军。"这里的"疾病",指病得很重。句子的意思是:诸葛亮病重,死于军中。

虽说种田人很努力,还累得不行,但方向不对,反而让事情变得更糟糕。等他儿子到地里一看,顿时傻眼了,禾苗全枯死了。

人不能急于求成,要让事情按照它们的自然规律进行,不要过度干预。否则,可能会适得其反,得不偿失。

学弈 (xué yì)

弈秋，通国之善弈者也。使弈秋诲二人弈，其一人专心致志，惟弈秋之为听；一人虽听之，一心以为有鸿鹄将至，思援弓缴而射之。虽与之俱学，弗若之矣。为是其智弗若与？曰：非然也。

——选自《孟子·告子上》 （六年级）

注释

弈：下棋。　　**通国**：全国。　　**援**：引，拉。

缴：这里指带有丝绳的箭，射出后可以将箭收回。　　**弗若**：不如。

与：通"欤"，句末语气词，表示疑问。　　**然**：这样。

译文

弈秋，是全国的下棋高手。有人请弈秋教两个人下棋，其中一个人专心致志地学习，只听弈秋的讲解；另一个人虽然也在听弈秋的讲解，却一心以为大雁或天鹅要飞来，想着拉弓去把它射下来。他虽然和前一个人一起学棋，但棋艺不如那个人好。难道是因为他的智力不如那个人吗？有人说："不是这样的。"

"弈",本义是"围棋"。"秋"是人名,因他的棋艺特别高超,所以,大家都称其为"弈秋"。

有两个人费了九牛二虎之力,才拜到弈秋门下。一人"惟弈秋之为听",意思是"一人专心致志学习,只听弈秋的教导"。"为"在这里读"wéi",是助词,宾语前置的标志。引申为"做、干"之意。明朝宋濂在《送东阳马生序》中说:"有司业、博士为之师。"意思是"有司业、博士做他们的老师"。

"为"字后又引出动作行为的主动者,表被动,相当于"被、让"。西汉司马迁在《史记·陈涉世家》中说:"吴广素爱人,士卒多为用者。"意思是"吴广向来爱惜人才,士卒大多为他所用"。

"为"读"wèi"时,有"给、替"之意。庄子在《庄子·养生主》中写道:"庖丁为文惠君解牛。"意思是"庖丁给梁惠王宰牛"。

庖丁解牛

"庖丁","庖"是厨师,"丁"是厨师的名。先秦古书中往往把职业放在人名前。庖丁做事比较喜欢探究事物的规律,因为这比一般的技术技巧要更高一筹。所以,他在宰牛时,动作轻快灵活,很快整个牛就解体了。

再说说另一个人,虽然表面看似认真,听弈秋讲解,实际上心却不在此,棋艺自然没有前一个人好,是他不聪明吗?显然不是。

一个人做任何事都要专心致志,不能三心二意,否则就会一事无成。

人生开挂的孟子,在小时候,也犯过同样的错误。孟子三岁丧父,孟母为了孟子的学习,可谓煞费苦心。"孟母三迁"的故事就由此而来。

孟母三迁

孟母带着孟子原本住在墓地旁。哪承想,孟子天天看着家门口路过的送葬队伍,竟学会了哭丧。

住在墓地旁,学哭丧

孟母一琢磨,便把家从墓地旁搬进了闹市区。孟子人小鬼大,天天跟着小商小贩学叫卖。

住在市集旁,学叫卖

孟母一想:既然有样学样,那就搬到学堂附近吧。

住在学堂旁,学知识

孟子进学堂学知识,却很难集中注意力,周围稍稍有点声音就会分心。因此,背书的进度很慢,还经常逃学。

一次,孟子逃学回家,恰巧孟母在一旁织布。孟子一看被母亲抓了个正着,就装模作样地背书。

孟母为了警告孟子,拿起刀割断正在织的布。以此告诫孟子,学习就像织布一样,靠一丝一线积累,要一心一意,否则就要重新开始。从此以后,孟子学习时,再也不逃学了,也不三心二意了。

五十步笑百步

孟子对曰："王好战，请以战喻。填然鼓之，兵刃既接，弃甲曳兵而走。或百步而后止，或五十步而后止。以五十步笑百步，则何如？"

曰："不可，直不百步耳，是亦走也。"

——选自《孟子·梁惠王上》

注释

以：用。　战：打仗。　喻：比喻。

填：拟声词，形容击鼓的声音。　曳：拖拽。

译文

孟子回答道："大王喜欢打仗，请让我拿打仗做比喻。咚咚地擂起战鼓，刀刃剑锋相碰，就有士兵丢盔弃甲，拖着兵器逃跑。有的逃了一百步停下来，有的逃了五十步停下来。逃了五十步的人嘲笑那些逃了一百步的人，那会怎么样呢？"

梁惠王说："不可以，只不过后面的逃跑不到一百步罢了，这同样是逃跑哇。"

魏国原来的都城在安邑（今山西夏县西北），魏惠王本着"做大做强"的原则，想进一步加强对东方诸侯的控制，也便于巩固魏国的中原霸主地位，就把都城迁到大梁（今河南开封），从此"魏"称"梁"。"梁惠王"的称呼便由此而来。

战国七雄

魏国、赵国、韩国、齐国、秦国、楚国、燕国

梁惠王是个典型的败家子。他爹魏武侯曾留下一份可观的家业，奈何梁惠王霸主心态超强，偏执轻狂；自诩勤政爱民，实质上并没有实施"仁政"。前面十几年靠着殷实的家底，与诸侯交战，有胜有负。

第四章 《孟子》

后面十几年则败绩连连，以至于兵力耗尽，国力空虚。

没兵没钱

面对这样的局面，梁惠王跟孟子抱怨，认为自己已经在尽心尽力治理魏国了，"你看黄河东岸发生灾荒，我会把百姓转移到西岸，反之，也如此，国内百姓却不见多。邻国的国君没有像我这样兢兢业业，人家的百姓也没见减少。"

孟子直说"**王好战**"，是说梁惠王喜欢打仗，他还用打仗来比喻梁惠王的治国之道。"**好**"有两个读音"hǎo""hào"。这里读"hào"，是"**喜欢**"的意思。

"**好（hào）事**"，也就是爱管闲事。柳宗元在《三戒·黔之驴》中写道："黔无驴，有好事者船载以入。"大意是：黔这个地方本来没有驴，但有一个爱管闲事的人从外地用船运来一头驴。

读"hǎo"时,有"容貌美"之意。古乐府《陌上桑》中说:"秦氏有好女。"意思是"秦家有位美丽的少女"。

"好"字还有一个常用的意思,即与"坏"相对。

接着说孟子,他用"五十步笑百步"的故事让梁惠王认识到自己"尽心于国"之举,只是临时应付,不是真正爱民,与邻国之政并无本质区别,只有停止战争,让老百姓安居乐业,才能民富国强。

梁惠王似乎到晚年才有所觉悟,想广招贤士以挽回败局,但为时已晚。

我们常常用"五十步笑百步"来比喻与别人犯有同样性质的错误,却因为自己错误程度较轻而嘲笑别人。

第五章

洋葱课 小古文

《庄子》

惠子曰："子非鱼，安知鱼之乐？"庄子曰："子非我，安知我不知鱼之乐？"

> 庄子贫穷，不爱做官，继承和发展老子的『道』，著有《庄子》。《庄子》一书在先秦诸子散文中独树一帜，其文汪洋恣意、想象丰富。庄子的哲学思想已经达到了很高的水平，对后世影响很大。

呆若木鸡
dāi ruò mù jī

扫一扫，听音频

纪渻子为王养斗鸡。

十日而问："鸡已乎？"曰："未也，方虚憍而恃气。"

十日又问。曰："未也，犹应向景。"

十日又问。曰："未也，犹疾视而盛气。"

十日又问。曰："几矣。鸡虽有鸣者，已无变矣。望之似木鸡矣，其德全矣。异鸡无敢应者，反走矣。"

——选自《庄子·外篇·达生》

第五篇 《庄子》

注释

已乎：练成了吗？　　恷：通"骄"，骄矜。　　恃气：凭意气。

向：通"响"，指鸡的叫声。　　景：影子，指鸡的身影。

无变：没有变化。　　德全：德行完备。　　异鸡：其他的鸡。

译文

纪渻子给宣王驯养斗鸡。

十天后，宣王问道："这鸡可以斗了吗？"纪渻子回答说："不行，正学本事，却骄傲自负呢。"

过了十天，宣王又问。纪渻子回答说："不行，它听到了别的鸡的声音，见到了别的鸡的影子，还是有反应。"

过了十天，宣王又问。纪渻子回答说："不行，它的目光怒气冲冲，心气还是旺盛。"

过了十天，宣王又问，纪渻子回答说："差不多了，即使有鸡鸣叫，它也没有一点变化，看上去就像一只木头雕成的鸡，它的德行已经完备了。别的鸡没有敢于应战的，见到它转身就跑了。"

古时，斗鸡成风，不仅民间喜欢斗鸡，连王公大臣也参加斗鸡。宣王也不例外，为了赢得头彩，他还特地聘请"驯鸡高手"纪渻子为自己训练斗鸡。

刚驯十天，宣王就急吼吼地追问驯养进度。纪渻子回答："未也，方虚憍而恃气。""未也"就是"还不行"，"方"这里做副词，是"正、才"的意思。

其实，"方"也是古代称面积用语。《列子·汤问》中："太行、王屋二山，方七百里，高万仞。""方"在这里指"面积"。

"仞"是一种长度单位，周制"一仞"为八尺，汉制"一仞"为七尺，东汉末"一仞"则为五尺六寸。例句的意思是：太行、王屋这两座山，方圆七百里，高七八千丈。

再比如，唐朝王之涣《凉州词》中说："一片孤城万仞山。"

关于"方",后又引申出"方法""并行"之意。比如:

教导有方:
教育引导很有方法。

车骑不得方驾:
两辆车不能并行。

不以规矩,不能成方员

此句出自《孟子·离娄上》,"规矩"在这里不是"规则、礼法",而是"校正圆形和方形的工具"。"方员","员"通"圆",即"方圆",引申为"方法、准则"。直译是"如果不用圆规和曲尺,不能准确地画出方形和圆形",比喻做事要遵守一定的规则和法则。

宣王每十天问一次,一个月后,得到纪渻子的反馈:"望之似木鸡矣"。看上去就像一只木头雕成的鸡,然后,其他鸡看到它,都吓跑了,不战而胜。"望"在这里是"看"的意思,其常用的含义还有以下几种:

第五章 《庄子》

望

每月月圆的那一天（一般指农历每月十五日，有时是十六日或十七日）。

望舒

神话中为月亮驾车的神。后来成为月亮的代称。

望帝

相传战国时期蜀王杜宇称帝，号"望帝"，因水灾让位给臣子，自己隐居山中，死后化为杜鹃，日夜悲鸣，泪尽继之以血。

望子

旧时酒店为招揽顾客而悬挂的布招，也就是酒旗。

087

唐玄宗最喜斗鸡

唐玄宗生在乙酉年，生肖属鸡，故爱鸡无比。他在登基前就喜欢民间的斗鸡活动，登基后，还把斗鸡变成宫中不可缺少的一项娱乐活动。去泰山祭天的时候，他带着300只斗鸡随行。

神鸡童谣（节选）

[唐] 佚名

生儿不用识文字，
斗鸡走马胜读书。
贾家小儿年十三，
富贵荣华代不如。

译文：

生了儿子用不着让他去学习知识，因为当今社会学会斗鸡走马这些娱乐手段，比读书还有用。你看那贾家的小伙子，年仅十三岁，家中的富贵奢华连许多世家大族都远远不如。

庄子与惠子游于濠梁之上

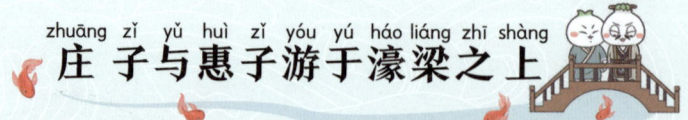

庄子与惠子游于濠梁之上。庄子曰:"鲦鱼出游从容,是鱼之乐也。"惠子曰:"子非鱼,安知鱼之乐?"庄子曰:"子非我,安知我不知鱼之乐?"惠子曰:"我非子,固不知子矣;子固非鱼也,子之不知鱼之乐,全矣!"庄子曰:"请循其本。子曰'汝安知鱼乐'云者,既已知吾知之而问我。我知之濠上也。"

——选自《庄子·外篇·秋水》　（八年级）

注释

濠梁：濠水上的桥。　出游：指鱼在水里时隐时现地游动。

子：第二人称代词,可译为"你、您"。　全：完全,肯定(是这样)。

循：追溯。　安：哪里。

译文

庄子与惠子在濠水的桥上游玩。

第五章 《庄子》

鲦鱼在河水中游来游去,从容自在,这是鱼的快乐。

你不是鱼,怎么知道鱼的快乐?

你不是我,怎么知道我不知道鱼的快乐?

我不是你,固然不知道你的想法;你本来也不是鱼,所以你不知道鱼的快乐,这是完全可以确定的!

请回到最开始的问题。你开始问我"你怎么知道鱼快乐"这句话,说明你很清楚我知道鱼的快乐才来问我的。现在我来告诉你,我是在濠水的桥上知道的。

庄子和惠子二人在桥上关于鱼的辩论,给人一种朋友互怼(duì)的感觉,能看出二人思路敏捷、英明且有远见。

庄子是个大智若愚的人，但对赚钱养家这种事一点兴趣都没有。

庄子一生中只做了九年漆园吏，每天都是一副优哉游哉的样子。

庄子，名周，宋国蒙县人。漆园，也是个地名，归属蒙县，算是比蒙县低一级的行政区，大概相当于现在的乡镇级别。

庄子住在陋巷里，平时以编草鞋为生，有时候没东西吃了就去钓鱼，实在揭不开锅，就去四处借米。可是，你知道吗？庄子心态超好！他觉得俗世的得失、生死的悲欢，都跟他没啥关系。

庄子虽然贫穷，但他的精神并不萎靡。有一次，庄子穿着破旧的打补丁的粗布衣服去见魏王。

庄子认为读书人有德有才但施展不了，那才叫潦倒；衣服鞋子破了，这是贫穷，不是潦倒。

庄子钱少但精神富足，所以才会与惠子"濠梁争辩"，表现了庄子追求"天地与我并生，而万物与我为一"的志趣。

"安知我不知鱼之乐"的"安"字在这里表示疑问，有"怎么"之意。其实，"安"字的本义是"安定"。国家安定，百姓才能"安心"地过上"安逸"的生活，把家里的事情"安置"妥当。

安定

国**安**则无忧民：

国家安定，百姓才没有忧愁。

安适

居无求**安**：

不去一心追求安适的居住场所。

民不**安**业：

人们都不能安心从事自己的职业。

安置

离山十里有王平**安**营：

距山十里之外，有王平在那里安营扎寨。

第五章 《庄子》

被拒三次

庄子虽然与世无争，也不愿进职场，但一心想要提拔他的伯乐们却没有放弃，一直小心试探着，就怕哪一天错过回心转意的庄子。

这不，楚威王听说庄子贤能，便想效仿周文王得姜太公，进而成就大业的先例，派人准备重金，去请庄子来辅佐朝政。

那一天，正赶上庄子在濮河岸边钓鱼。庄子连看都没看两位使者，直接回绝了楚威王的好意。

095

像庄子这样如此率性、自由且浪漫的奇人并不多，颜阖（hé）算一个。

隐士代表——颜阖

颜阖是鲁国一位很有个性的隐士。他非但不喜欢做官，还不喜欢同有钱有权的人来往，整日住在狭窄破旧的小巷里，自得其乐。

鲁国的国君听说颜阖是个得道的人，特别欣赏他，派人带着财物前去拜访。

使者风尘仆仆地赶到颜阖家门口时，颜阖正穿着粗布衣服喂牛，见有人来，便亲自招待。使者送上珠宝和布匹。颜阖却说送错人了。

> 是呀！

> 是颜阖家吗？

> 送错了吧，回去再审核一遍。

使者便返回，反复确认了几遍，发现没错，便又折返来找颜阖。谁能想到颜阖家早已人去楼空，哪里还能找到他。

第五章 《庄子》

东施效颦

扫一扫，听音频

西施病心而颦其里，其里之丑人见而美之，归亦捧心而颦其里。其里之富人见之，坚闭门而不出；贫人见之，挈妻子而去走。彼知颦美而不知颦之所以美。

——选自《庄子·外篇·天运》

注释

病心：心口痛。　颦：通"矉"，皱眉。　挈：带领。

译文

西施有心痛病而皱着眉头，邻里的丑女看见了觉得很美，回家之后也学起西施的样子，用手捂着胸口并皱着眉头。邻里中的富人见了她，牢牢地关上房门，不出去；穷人见了她，便带着妻子儿女急忙逃走。丑女只知道皱眉头好看，却不知道皱眉头好看的原因在哪里。

西施,春秋末期越国人。住在越国苎(zhù)萝村西,她的父亲靠卖柴养家糊口,母亲通过浣纱来补贴家用。西施从小就学会了浣纱,邻人都称她"浣纱女"。相传,她有着一副绝世容颜,连鱼儿都会因为她的美貌忘记游泳,她被誉为"古代四大美女"之一。

古代四大美女

昭君出塞 / 王昭君

西施浣纱 / 西施

貂蝉拜月 / 貂蝉

贵妃醉酒 / 杨玉环

　　正因为西施天生丽质、容貌出众，连皱眉抚胸的病态都被住在村东的邻家丑女模仿。后人称这位邻家丑女为"东施"，这也是"东施效颦"典故的由来。

　　西施因心口疼痛而皱眉的病态，被"其里之丑人见而美之"。乡里一位长得丑的人看见了西施皱眉抚胸走路，觉得这种病态很漂亮。"里"字拆分开来，是由"田"和"土"组成，有了农田和土地，就有了人，"里"本义就是"人所生活的地方"。

田　　　　+　　　　土　　　　→　　　　里

　　《周礼》记载："五家为邻，五邻为里。"在古代，一般以二十五家为一里，又引申为"乡里"的意思。比如："闾里"，即乡里，泛指民间。

"里"也是一种长度单位。古时，一百五十丈为一里。《劝学》中说："不积跬（kuǐ）步，无以至千里。""跬步"，古人行走时，举足一次为"跬"，举足两次为"步"，故半步称"跬"。如果没有半步一步的积累，就没有办法到达千里之外。

1 跬 + 1 跬 ⇒ 1 步

做事情不一点一点积累，就永远无法达成目的。

"里"字还有一个常用的用法，与"外"相对。比如：里应外合。

东施模仿西施之后,把周围的人都吓跑了。她却摸不着头脑,不清楚其中缘由。

《东施效颦》的故事告诉我们,模仿别人时,一定要从自身的实际出发,如果只是照搬照抄,非但不会收到好的效果,还可能适得其反。

同人不同命

鲁国有个姓施的人家,有两个儿子,一文一武。爱好学问的因学术高超被齐侯任用;喜爱军事的因兵法奇特被楚王任用。

公子们的老师

军中执法官

这两个儿子的俸禄使家庭富有,官爵也让亲戚们感到荣耀。邻居孟家也有两个儿子,学的跟施家两个儿子相同,也照着去做。

其中学文的儿子到了强大的秦国,用自己的学术去游说秦王,结果被阉割之后放走。

我现在急需扩充军队,若用仁义治国,就亡国啦。

其中,学武的儿子去了弱小的卫国,结果被砍断双脚。

我们是弱国,若依赖兵法,离灭国就不远啦。

扫一扫，听音频

北冥有鱼，其名为鲲。鲲之大，不知其几千里也；化而为鸟，其名为鹏。鹏之背，不知其几千里也；怒而飞，其翼若垂天之云。是鸟也，海运则将徙于南冥。南冥者，天池也。《齐谐》者，志怪者也。《谐》之言曰："鹏之徙于南冥也，水击三千里，抟扶摇而上者九万里，去以六月息者也。"野马也，尘埃也，生物之以息相吹也。天之苍苍，其正色邪？其远而无所至极邪？其视下也，亦若是则已矣。

——选自《庄子·内篇·逍遥游》　（八年级）

注释

北冥：北海。冥，同"溟"，海。　**怒**：指用力鼓动翅膀。
徙：迁徙。　**志怪**：记载怪异的事物。　**抟**：盘旋飞翔。
扶摇：旋风。　**苍苍**：深蓝色。　**极**：尽。　**其**：代词，指鹏鸟。

译文

北海有一条鱼,它的名字叫作鲲。

鲲的体长,不知道有几千里;鲲变化成为鸟,它的名字叫作鹏,鹏的脊背,也不知道有几千里。当它奋起而飞,双翅就像悬挂在天空中的云。这只鸟,在海水激荡时就要迁往南海。南海,就是一个天然的大池。

《齐谐》,是一本记载怪异事物的书。《齐谐》记载:"鹏迁往南海时,翅膀激起的浪有三千里,乘着旋风盘旋至九万里的高空,它是乘着六月的大风而飞去的。"

一本专门记载怪异事物的书

野马般的气雾,飞扬的浮尘,这都是生物的气息相互吹拂的结果。我们看到的天色湛蓝,那是它真正的颜色吗?还是因为它无边无际呢?鹏鸟从空中往下看,大概也是这个样子吧。

庄子追求无所依赖、绝对自由地遨游于永恒的精神世界。他认为鹏能展翅高飞九万里，看似逍遥，其实是依托强劲的风和没有任何阻碍的天空。

寒蝉和麻雀自身的能力有限，每当看到大鹏奋力而飞的样子，就会站在树枝上嘲笑它。

寒蝉和麻雀没有大志向,目光短浅,吃了上顿,不管下顿。

庄子认为要想达到真正的逍遥,需要有逍遥的心境和万全的准备。

古时,交通不便。如果打算到郊外去,带够三餐就可以了,回来后还是饱饱的。如果去百里以外的地方,就要准备过夜的粮食。如果去千里以外的地方,就要准备三个月的口粮。

寒蝉和麻雀这两个小东西并不懂得这些,见识少。同理,寿命短的理解不了寿命长的。为什么这么说呢?

朝生暮死的菌子只活一天,不知道一个月是什么样;活在夏秋两季的寒蝉,不知道一年是什么样:这就是短命。在楚国的南方有一种叫冥灵的大树,五百年为春,五百年为秋;上古有一种叫大椿的树,八千年为春,八千年为秋:这就是长寿。

庄子认为世间万事万物受自身条件所限,都要有所凭借才能活动,以达到自己的目的。

水少就载不动大船。不信的话,你在洼地上倒一杯水,放入一片树叶还可以漂浮;如果放上一个杯子,就沉下去了。这就是浮沉的道理。

第五章 《庄子》

"生物之以息相吹","以"是个虚词,有以下几种常见用法。

何**以**战:
您凭借什么作战?

以其境过清:
因为这里的环境太凄清。

属予作文**以**记之:
嘱咐我写一篇文章用来记述这件事。

固**以**怪之矣:
本来就已经觉得这件事够怪的了。

107

鲁侯养鸟

昔者海鸟止于鲁郊，鲁侯御而觞之于庙，奏《九韶》以为乐，具太牢以为膳。鸟乃眩视忧悲，不敢食一脔，不敢饮一杯，三日而死。此以己养养鸟也，非以鸟养养鸟也。

——选自《庄子·外篇·至乐》

注释

鲁侯：鲁国国君。　**御**：迎接。
觞：古代的饮酒器。这里用作动词，此指敬酒。　**眩视**：眼花。
脔：切成小块的肉。　**己养**：供养自己的方法。
鸟养：喂养鸟的方法。

译文

从前，有一只海鸟飞到了鲁国都城郊外栖息，鲁侯为了迎接它，还在宗庙里摆酒款待它，演奏舜帝时的《九韶》作为宴会乐曲，准备了古代帝王祭祀时才使用的牛、羊、猪作为宴会的食品。这时海鸟眼花缭乱，心中忧虑伤悲，不敢吃一块肉，不敢喝一口酒，三天就死了。这是用养自己的方式去养鸟，不是用养鸟的方法去养鸟。

一只海鸟，本该游荡在沙洲之上、飘浮在江湖之中，吃泥鳅、抓小鱼，却误打误撞地落在鲁国国都的郊外。

《周礼·载师》郑玄注引《司马法》说："王国百里为郊，二百里为州，三百里为野，四百里为县，五百里为都。"

鲁侯巧遇海鸟，将其养在庙里，注意哟，不是养在寺里，因为战国时期佛教还没有传入，也就不存在寺院。

"寺"和"庙"在中国古代，是两个完全不同的场所。庙的出现，要早于寺。庙，在古代主要是祭祀的地方，大约在商周时期就已存在。而寺，在秦汉时期才开始设立，多指官署，是官吏办公的地方。

庙 vs 寺

庙 
- 奉祀祖先的地方。 
- 祭祀历代贤哲。

寺
- 佛教千年古刹：和尚供佛修行的场所。
- 处理坏人坏事：古代官署名，属中央机构。

第五章 《庄子》

　　海鸟原本就怕听到人的说话声，鲁侯却依照自己的喜好，为海鸟演奏喧哗嘈杂的帝王音乐。这种音乐，也只有人听到了，才会一起围绕过来欣赏。对于海鸟来说这是噪声，心情会很悲伤。

　　鲁侯还为海鸟准备了自己最喜欢的"太牢"作为食物。海鸟一看那些酒肉，都不是自己所能享受的，于是呆呆地站在那里，一动不敢动，最后活活饿死了。

太牢 VS 少牢

太牢：古代帝王或诸侯祭祀社稷时用的牛、羊、猪。

我只是来看看。

少牢：祭品规格低于太牢，没有牛，卿大夫祭祀宗庙时所用。

人和鸟不同，各自的喜好和厌恶也不同。所以，做任何事都要符合客观事实。否则，如果只是凭主观喜好做事，则很有可能会像鲁侯一样，好心办坏事。

邯郸学步

"子往矣！且子独不闻夫寿陵余子之学行于邯郸与？未得国能，又失其故行矣，直匍匐而归耳。今子不去，将忘子之故，失子之业。"

公孙龙口呿而不合，舌举而不下，乃逸而走。

——选自《庄子·外篇·秋水》

注释

寿陵：古时燕国的一个地名。　**故**：原来的。
行：行走，这里指走路的方法。　**匍匐**：爬行。　**呿**：（口）张开。

译文

"你走吧！你就没有听说寿陵少年到邯郸学步的故事吗？他不但没有学会赵国走路的步法，而且连原来的步法也忘掉了，结果只好爬着回去。现在你还不快点走开，将会忘掉你原来的本领，失去你原来的学业。"

公孙龙呆呆地张着嘴，翘起的舌头放不下来，便偷偷地逃跑了。

战国时期，赵国平原君家中有位门客，名字叫公孙龙，他是"诸子百家"中名家的代表人物，是个辩论奇才，很有名气。

早年间，公孙龙跟当时魏国附属中山国的王子魏牟关系较好，而魏牟是庄子的小迷弟。二人闲谈时，魏牟就常常眉飞色舞地大谈特谈庄子。

公孙龙心里很不是滋味，自以为懂得天下道理，没觉得哪里比不上庄子。于是，他便找来庄子的书籍，细细研究庄子的言论，可是看来看去，竟然看不懂。公孙龙便找魏牟为其解惑。

但是魏牟接下来的话,却让公孙龙直接羞得跑掉了。魏牟劝公孙龙不要学庄子,如果非要下功夫学,最后可能会落得个跟燕国"邯郸学步"的那个少年一样的下场。

魏牟看着公孙龙似懂非懂的表情,就认真讲了这个故事。话说燕国寿陵有个少年,听说赵国都城邯郸的人走路姿势优美。于是,他就一溜烟地跑到赵国学邯郸人走路。

一团糟……

到了邯郸,他先是瞄到一位跟自己年龄差不多的人,便跟在后面像模像样地学起来,人家迈左脚,他也迈左脚,人家迈右脚,他也迈右脚,光盯着脚下,哪还顾得上什么姿势。眼看那人越走越远,寿陵少年渐渐跟不上了,他又回到原地,换了一个目标,接着学。就这样,几天下来,寿陵少年学会了上百种奇奇怪怪的走路姿势,但没有一种是邯郸人走路的姿势。

日子久了,这个少年"未得国能,又失其故行",不仅没学会邯郸人的走路姿势,还把自己原来的走路姿势也忘了。"国"在古代可以指国家、国都,也可以指地域。这里指赵国国都邯郸。"能"即"才能""能力",这里是指邯郸人优美的走路姿势。寿陵少年学了一通,却不会走路了。没有办法,他只好狼狈地在地上爬着回家。

讲完"邯郸学步"的故事,魏牟就跟公孙龙说,你要是再不走,学不来庄子的学问不说,连你原本学的那点也忘光了。公孙龙听后,吓得"乃逸而走",逃走了。"逸"本义是"逃跑"。后引申为"散失"。如《后汉书·儒林列传序》中写道:"采求阙文,补缀漏逸。"意思是"采集寻求遗失的文章,添补连缀其中遗漏散失的部分"。

此外,"逸"还有"安闲、安乐"的意思。如《尚书·无逸》:"生则逸,不知稼穑之艰难。"意思是"从出生时就过着安逸的日子,不知道农事的艰辛"。

看来,生搬硬套的学习方法并不可取,不但没学到别人的,反而连自己本有的也丢了,真是大可不必。

游（第 005 页）

"游"本义指旗帜的垂饰。后指水流，也指人或动物在水中活动。此外，"游"还有"游玩、游历"的意思，后又引申为"交往"。

在水里行动

例：此其父善游。——出自吕不韦《吕氏春秋·父善游》

译：那个幼童的父亲擅长游泳。

游玩

例：女娲游于东海。——出自《山海经·北山经》

译：女娲在东海边上游玩。

游历

例：孔子东游。——出自《列子·汤问》

译：孔子去东方游历。

交往

例：喜游诸公。——出自司马迁《史记·田叔列传》

译：喜爱与那些德高望重的人交往。

走（第 009 页）

"走"本义是"跑"，后引申出"逃跑"等意。

跑

例：夸父与日逐走。——出自《山海经·海外北经》

译：夸父与太阳赛跑。

逃跑

例：老翁逾墙走，老妇出门看。——出自杜甫《石壕吏》

译：老翁越墙逃走，老妇出门查看。

入（第 010 页）

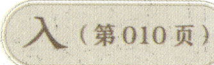

"入"本义指"进入"，后引申出"收入""沉落"等意。

进入

例：入其舍。——出自蒲松龄《促织》

译：走进那个人的房间。

收入

例：入不敷出。——出自曹雪芹《红楼梦》

译：收入不够开支。

沉落

例：日入而息。——出自《庄子·让王》

译：太阳落山就休息。

兵（第 015 页）

"兵"本义是"兵器"，拿兵器的人是士兵，士兵组成军队，而后作战。作战会用到兵法。

兵器

例：斩木为兵。——出自贾谊《过秦论》

译：砍根木棒当兵器。

士兵

例：选兵八万人。——出自司马迁《史记·魏公子列传》

译：挑选八万精兵。

军队

例：举兵出征。——出自《三国志·魏书·刘艾传》

译：征集军队出兵打仗。

战争

例：犹厌言兵。——出自姜夔《扬州慢·淮左名都》

译：厌恶再提起那场可恶的战争。

兵法

例：故上兵伐谋。——出自《孙子·谋攻》

译：所以用兵的上策是攻破敌人的计谋。

息（第020页）

"息"本义是"喘气、呼吸"，后引申出"叹气、滋生、子女、停止、休息"等意。

呼吸

例：胁息然后带。——出自《墨子·兼爱中》

译：深吸一口气，然后再系腰带。

叹气

例：北山愚公长息。——出自列子《愚公移山》

译：北山愚公长长地叹了一口气。

滋长

例：息壤。——出自《山海经·海内经》

译：能自己生长的土壤。

子女

例：晚有儿息。——出自李密《陈情表》

译：晚年才有儿子。

停止

例：请息交以绝游。——出自陶渊明《归去来兮辞》

译：让我同外界停止交游吧。

休息

例：日入而息。——出自《庄子·让王》

译：日落就休息。

知（第027页）

读音有"zhī""zhì"。

读"zhī"时，有"知道、察觉、识别"等意。

知道

例：知之为知之。——出自《论语》

译：知道就是知道。

察觉

例：春江水暖鸭先知。——出自苏轼《惠崇春江晚景》

译：鸭子在水中最先察觉初春江水回暖。

识别

例：其真不知马也！——出自韩愈《马说》

译：他真的不认识千里马吧。

读"zhì"时，通"智"，智慧。

例：孰为汝多知乎！——出自《列子·汤问》

译：是谁说你学识渊博呢？

例：则知明而行无过矣。——出自《荀子·劝学》

译：遇到事情就可以不糊涂，行为也就没有过失。

时（第032页）

"时"泛指"时间"，也有"当时、按时、季节"等意。

时间

例：时不久留。——出自《吕氏春秋·首时》

译：时间不会长久停留。

当时

例：时曹公军众已有疾病。——出自《三国志·吴书·周瑜传》

译：当时曹操军队里已经有人生病了。

按时

例：学而时习之。——出自《论语》

译：学过的知识要按时复习。

季节

例：四时之景不同。——出自欧阳修《醉翁亭记》

译：四季景色不同。

日（第040页）

"日"的本义即"太阳"，后指"白天、一昼夜、日子"等。

太阳

例：日薄西山。——出自李密《陈情表》

译：太阳已经接近西边的山。

白天

例：夜以继日。——出自《孟子·离娄下》

译：夜晚接上白天，日夜不停。

一昼夜

例：斋戒五日。——出自司马迁《史记·廉颇蔺相如列传》

译：斋戒五个昼夜。

日子

例：春秋多佳日。——出自陶渊明《移居其二》

译：春秋两季有很多好日子。

亡（第047页）

读音有"wáng""wú"。

读"wáng"时，本义是"失去"，后引申为"逃跑、死亡、灭亡"。

失去

例：亡羊补牢。——出自《战国策·楚策四》

译：羊丢了再去修补羊圈。

逃跑

例：欲亡走燕。——出自司马迁《史记·廉颇蔺相如列传》

译：打算逃到燕国。

死亡

例：今刘表新亡。——出自司马光《赤壁之战》

译：如今刘表刚刚过世。

灭亡

例：亡秦族矣。——出自贾谊《过秦论》

译：消灭了秦的世族。

读"wú"时，通"无"，指"没有"。

例：身亡所寄。——出自《列子·天瑞》

译：没有安身之处。

而（第054页）

做代词

相当于"尔"，译成第二人称"你"。

例：某所，而母立于兹。——出自归有光《项脊轩志》

译：这里，就是你母亲站的地方。

做连词

表并列

例：潦水尽而寒潭清。——出自王勃《滕王阁序》

译：积水消尽，潭水清澈。

表承接

例：人不知而不愠。——出自《论语》

译：人家不了解我，我却不因此恼怒。

表修饰

例：吾尝跂而望矣。——出自荀子《劝学》

译：我曾踮起脚向远处望。

此外，"而"表转折、递进，比较常见，不再赘述。

穷（第058页）

"穷"本义为身居洞穴，身体被迫弯曲、不自由，后引申为物质上困顿的、不得志的、贫困的，又引申为"完结"。

仕途不得意

例：穷且益坚，不坠青云之志。——出自王勃《滕王阁序》

译：一个人处境越是艰难，就越是坚忍不拔，越是不丢失高远之志。

完结

例：未穷青之技。——出自《列子·汤问》

译：没有彻底掌握秦青的歌唱技艺。

窃（第063页）

"窃"本义是"偷盗"，后引申为

"偷偷地"，或表示个人意见或行为的谦词，即私下。

偷盗

例：出入王卧内，力能窃之。——出自司马迁《史记·魏公子列传》

译：时常进出魏王的卧室，只有她能盗出这兵符。

偷偷地

例：成有子九岁，窥父不在，窃发盆。——出自蒲松龄《促织》

译：成名有个九岁的儿子，看父亲不在家，便偷偷掀开了盆子。

谦称"我"

例：窃以为可行。——出自《论语·卫灵公》

译：我认为可行。

病（第070页）

"病"本义是"病重"，后引申出"疲劳、毛病、担心"等。

病重

例：永元中，病卒于家。——出自《后汉书·王充传》

译：永元年间，他病死在家中。

疲劳

例：今日病矣！——出自《孟子·公孙丑上》

译：今天可累坏我了。

毛病

例：不如舜，不如周公，吾之病也。——出自韩愈《原毁》

译：我比不上舜，比不上周公，这是我的缺点。

担心

例：君子病无能焉。——出自《论语·卫灵公》

译：君子担心自己没有才能。

疾（第070页）

"疾"常见的义项是"生病"，后引申出"快速、痛苦、憎恶、妒忌"等。

生病

例：君有疾在腠理。——出自《韩非子·喻老》

译：您的肌肤纹理间有些小病。

快速

例：曾不能疾走。——出自刘向《战国策·触龙说赵太后》

译：不能快跑。

痛苦

例：凡牧民者，必知其疾。——出自《管子·小问》

译：所有管理人民的人，必须知道人民的疾苦。

憎恶

例：见善若惊，疾恶如仇。——出自孔融《荐祢衡表》

译：看到好人好事就会受到震动，憎恨坏人坏事如同憎恨仇敌一般。

妒忌

例：庞涓恐其贤于己，疾之。——出自司马迁《史记·孙子吴起列传》

译：庞涓担心孙膑的才能比自己强，特别妒忌孙膑。

为（第073页）

读音有"wéi""wèi"。

读"wéi"时，可译为"以为、认为、呢"。

以为

例：窃为大王不取也。——出自贾谊《过秦论》

译：我以为大王不应该采取这种做法。

呢

例：如今人方为刀俎，我为鱼肉，何辞为？——出自司马迁《史记·项羽本纪》

译：现在人家正好比是菜刀和砧板，我们则好比是鱼和肉，还辞别什么呢？

读"wèi"时，可译为"为了、被"。

为了

例：慎勿为妇死。——出自《孔雀东南飞》

译：千万不要为了一个妇人去寻死。

被
例：为天下笑者。——出自贾谊《过秦论》
译：被天下人耻笑。

好（第079页）

读音有"hǎo""hào"。

读"hǎo"时，有"容貌美、与'坏'相对、友好、完成"等意。

容貌美
例：秦氏有好女。——出自古乐府《陌上桑》
译：秦家有位美丽的少女。

与"坏"相对
例：哥儿虽要行好。——出自曹雪芹《红楼梦》
译：你虽然是要做善事。

友好
例：外结好孙权。——出自《三国志·蜀书·诸葛亮传》
译：在外交上和孙权结盟。

完成
例：妆好方长叹。——出自韩偓《无题》
译：化完妆之后长叹息。

读"hào"时，有"喜爱"之义。
例：少时家贫，好读书。——出自司马迁《史记·陈丞相世家》
译：小时候家里贫困，喜好读书。

方（第084页）

"方"有"方形、古代称面积用语、方法、道理、并行、正当"等意。

方形
例：不以规矩，不能成方员。——出自《孟子·离娄上》
译：如果不用圆规和曲尺，也不能准确地画出方形和圆形。

古代面积用语
例：方七百里，高万仞。——出自《列子·汤问》
译：方圆七百里，高七八千丈。

方法
例：教导有方。——出自吴趼人《二十年目睹之怪现状》
译：教育引导很有方法。

道理
例：比及三年，可使有勇，且知方也。——出自《论语·先进》
译：只要三年，就可以使那里人人有勇气、个个懂道义。

并行
例：车骑不得方驾。——出自《后汉书·马防传》
译：两辆车不能并行。

正当
例：方其破荆州，下江陵，顺流而东也。——出自苏轼《赤壁赋》
译：当他夺取荆州，攻下江陵，顺着长江东下的时候。

望（第086页）

"望"本义就是向远处看，引申出"埋怨、时间、名望"等意。

远望
例：望其旗靡。——出自左丘明《曹刿论战》
译：远远地望见他们的旗帜倒下了。

埋怨
例：绛侯望袁盎曰："吾与而兄善，今儿廷毁我！"——出自司马迁《史记·袁盎列传》
译：周勃埋怨袁盎说："我和你哥哥交情这么好，而你居然当着皇上的面在朝廷上诋毁我。"

时间
每月农历十五叫"望"。

名望
例：天下人望。——出自《世说新语·文学》
译：天下人仰望。

安（第093页）

"安"本义是"安定"，国家安

定，百姓才能"安心"地过上"安逸"的生活，把家里的事情"安置"妥当。此外，还有"怎么"之意。

安定
例：国安则无忧民。——出自《荀子·王霸》
译：国家安定百姓才没有忧愁。

安心
例：民不安业。——出自《三国志·魏书·司马朗传》
译：人们都不能安心从事自己的职业。

安适
例：居无求安。——出自《论语·学而》
译：不去一心追求安适舒服的居所。

安置
例：离山十里有王平安营。——出自罗贯中《三国演义》
译：距山十里之外，有王平在那里安营扎寨。

怎么
例：安知我不知鱼之乐？——出自《庄子·秋水》
译：怎么知道我不知道鱼的快乐？

里（第099页）

"里"本义是人生活居住的地方，后引申为"乡里"。此外，"里"又是长度单位。还有与"外"相对的意思。

人生活的地方
例：五家为邻，五邻为里。——出自《周礼》
译：五家为一邻，五邻为一里。

长度单位
例：不积跬步，无以至千里。——出自《荀子·劝学》
译：如果没有一步一步的积累，就没有办法到达千里之外。

与"外"相对
例：约定今夜放火，里应外合。——出自罗贯中《三国演义》
译：约定今夜放火，外面攻打，里面接应。

以（第107页）

"以"是个虚词，有以下几种常见用法。

凭、靠
例：何以战？——出自左丘明《左传·曹刿论战》
译：您凭借什么作战？

因为
例：以其境过清。——出自柳宗元《小石潭记》
译：因为这里的环境太凄清。

用来
例：属予作文以记之。——出自范仲淹《岳阳楼记》
译：嘱咐我写一篇文章用来记述这件事。

已经
例：固以怪之矣。——出自司马迁《史记·陈涉世家》
译：本来就已经觉得这件事够怪的了。

逸（第116页）

"逸"本义是"逃跑"，后引申为"散失、安逸、超越"之意。

逃跑
例：乃逸而走。——出自《庄子·秋水》
译：便偷偷地逃跑了。

散失
例：采求阙文，补缀漏逸。——出自《后汉书·儒林列传序》
译：采集寻求遗失的文章，添补连缀其中遗漏散失的部分。

安逸
例：生则逸，不知稼穑之艰难。——出自《尚书·无逸》
译：从出生时就过着安逸的日子，不知道农事的艰辛。

超越
例：亮少有逸群之才。——出自《三国志·蜀书·诸葛亮传》
译：诸葛亮年轻的时候有超出常人的才华。